ARTHUR LE MÉE

ET

ANTOINE FARAVEL

MARSEILLE
IMPRIMERIE GÉNÉRALE ACHARD ET Cie
3 et 5, rue Chevalier-Rose
—
1885

ARTHUR LE MÉE

ET

ANTOINE FARAVEL

MARSEILLE

IMPRIMERIE GÉNÉRALE ACHARD ET Cⁱᵉ

3 et 5, rue Chevalier-Rose

—

1885

PRÉFACE

L'auteur de cette brochure n'est pas dans l'intention d'en faire une question politique, mais cependant vu les circonstances actuelles il croit de son devoir de faire connaître au public ce que vaut l'homme qui trompe ses électeurs, en se faisant le champion de la religion, de l'humanité et de la justice. Cet homme cupide, hypocrite, orgueilleux, insolent et dangereux, il faut le nommer, c'est Arthur Le Méé, qui, dans l'affaire des carrières de marbres de St-Loup, banlieue, n'a pas craint de manquer à sa probité professionnelle en se faisant le complice du nommé Antoine Faravel, pick-pocket des plus dangereux, en le connaissant pour tel, au détriment d'un homme de bonne foi, et cela avec connaissance de cause et préméditation, il le reconnaît lui-même, en ne pas attaquant en diffamation le sieur Fouque, sur les flétrissures faites à son honneur contenues dans les lettres recommandées qu'il lui a adressées à plusieurs reprises ; le silence de cet homme connu, si absolu et si susceptible sur le point d'honneur le condamne à ne plus pouvoir se réhabiliter.

D'ailleurs les relations coupables Le Mée-Faravel, qui intriguent tous ceux qui les connaissent, datent au moins d'une douzaine d'années; ce n'est que par les conseils de M. Le Mée, que Faravel a pu échapper jusqu'à ce jour au châtiment de la justice, de sa conduite illicite en faisant des dupes dans toutes les classes de la société; ses dettes se montent à plus de quatre cent mille francs, lui-même en convient. Il y a environ 10 ans, l'affaire de l'archiduchesse qui a fait tant de bruit devant les tribunaux, n'était rien autre qu'une personne interlope associée de complicité avec ce Favarel, pour faire des dupes et que M. Arthur Le Mée a innocenté et soutenu depuis par tous les moyens en son pouvoir.

ARTHUR LE MÉE

ET

ANTOINE FARAVEL

Marseille, le 27 Novembre 1884.

Monsieur Arthur Le Mée, avocat,

Si je prends le parti de vous écrire par la poste, c'est pour ne pas m'exposer, comme la dernière fois que je me suis présenté humblement à votre Cabinet pour vous supplier de remédier à la triste situation que vous et Faravel m'avez faite avec préméditation et connaissance de cause, vous avez d'abord refusé de m'entendre ; ayant insisté, vous m'avez nargué, avec des mensonges qui n'honorent pas un homme comme vous avez la prétention d'être.

Vous avez osé nier m'avoir donné connaissance de la lettre de convention que M. Vincent vous a adressée de Royat, ainsi que vous l'aviez conseillé pour me décider à acheter la propriété Faravel, laquelle propriété devait m'être rachetée quelques mois après au prix de 200.000 francs. C'était, disiez-vous avec Faravel, le seul moyen d'être payé de mon hypothèque et deux billets Séjourné et Reymond, ainsi que des intérêts en retard, mais pour cela il fallait que je paye les frais d'adjudication, que le tout me serait payé à la fois à bref délai avec 5000 francs de bonification pour avoir sauvé la situation et retrocédé la propriété à Faravel.

Vous niez aussi avoir été le conseil de M. Vincent et le mien. Cependant, quel est l'avoué qui a acheté la propriété en mon nom et qui a palpé les 10,500 francs de frais d'adjudication, si ce n'est vous. Quel est l'avoué qui a rédigé toutes les pièces concernant l'exploitation de la carrière de marbre dont M. Vincent était le fondateur de la société ; vous n'étiez pas notre conseil, dites-vous, néanmoins, quand M. Vincent, grâce à vos combinaisons de concert avec votre complice, a mis fin à ses jours, vous avez choisi un conseil à votre guise pour Faravel et pour moi, et avez dit à Faravel d'aller vous voir le moins possible et l'avez chargé de m'en dire autant, disant que vous vouliez rester le conseil des frères Vincent pour savoir ce qui se passerait dans leur camp, et que vous vous entendriez avec le conseil que vous nous aviez choisi ; voilà ce qui est très *loyal* pour le plus honorable membre de notre Conseil municipal, tenir pieds dans les deux camps pour en trahir un au bénéfice d'un pick-pocket, mais je crois que M. Dubarnat, à qui vous vouliez faire jouer un rôle ignoble à son insu, est plus honnête homme que vous.

Vous osez dire aussi que c'est le gros intérêt qui m'a perdu, tandis que j'avais prêté à Faravel à 5 0/0 pour un bref délai, j'en ai la preuve par des pièces émanant de vous, tandis que vous, homme de *probité*, vous n'avez pas hésité de prendre deux billets de 5000 francs chaque, souscrits par M. Vincent, pour 5000 francs les deux ; vous êtes capable de tous les forfaits, le mensonge fait votre force.

Ainsi, je ne viens plus aujourd'hui vous supplier, mais bien vous mettre en demeure de vous entendre avec Faravel, ou seul, ça m'est égal, pour réparer le mal que vous m'avez fait ; perdre le fruit de mon labeur, c'est raide, mais m'avoir endossé pour 60.000 francs de dettes de Faravel, c'est un vol à l'américaine que je ne supporterai pas plus longtemps, les relations suivies que vous avez avec ce vampire est un mystère qui intrigue bien des gens.

C'est à vous, M. Le Mée, d'éviter dans votre intérêt et pour votre salut que cette affaire n'éclate au grand jour ; quant à moi, grâce à vous je n'ai plus rien à perdre, un grand scandale peut se produire, la presse en faire beaucoup du bruit, et l'opinion publique peut s'en émouvoir à votre détriment ; vous savez par expérience que Faravel porte malheur à tout ce qu'il approche et vous, M. Le Mée, qui avait pataugé plus que tout autre avec cet homme dangereux, vous ne devez pas échapper à la fatalité que ce mauvais génie entraîne avec lui, vous en connaissez plusieurs exemples, notamment dans l'affaire en question nous étions quatre, vous M. Le Mée, M. Vincent, Faravel et moi, M. Vincent vous l'avez tellement entortillé qu'il en a perdu la tête et s'est brûlé la cervelle, et moi j'étais sur le point d'en faire autant, mais je me suis ravisé, j'ai compris que ma tâche n'était pas finie, ce serait vous faire trop beau jeu, que de vous débarrasser de moi. Je suis dupe, l'honneur seul me reste, cela me suffit pour me donner le courage de poursuivre ma tâche.

Je conserve donc l'espoir que vous n'hésiterez pas à réparer la brèche faite à votre honneur, vous qui prétendez que votre honneur ne peut être en de meilleures mains que dans les vôtres, et pour attaquer avec autant d'acharnement votre collègue Daumas, qui est vraiment un grand coupable, il faut avoir soi-même patente nette. Votre compère Faravel, qui depuis 12 ans vous couvrait tant de votre protection, car il ne fait jamais rien sans vous consulter, est cent fois plus coupable que ce Daumas, ses dettes se chiffrent, vous le savez, par des centaines de mille francs. Il a ruiné grand nombre de familles et abusé de tant de signatures de complaisance que l'on avait eu la bonté de lui confier pour lui venir en aide pour l'exploitation de sa carrière de marbre, mais en pickpocket habile, il s'est servi de cette exploitation pour exploiter tous ceux qui ont eu confiance en lui, et vous, M. Le Mée, homme clairvoyant, vous saviez que c'était un gouffre, vous me l'avez avancé en dernier lieu et vous n'avez cessé de le soutenir au détriment de tant de pauvres et honnêtes gens.

Toutes ces considérations me font espérer que vous allez vous empresser de me réparer le mal que vous m'avez fait d'autant plus que les créanciers que vous m'avez endossés paraissant très conciliants, vous pouvez vous en tirer à très bon marché, en leur laissant croire que c'est moi qui paye de mes deniers.

Vous possédez tous les moyens pour éteindre cette mauvaise affaire sans bruit, votre haute position sociale, votre intelligence, et votre fortune sont autant de moyens pour mener cette affaire à bonne fin.

Sinon, je vous promets que cela fera époque dans votre vie ; vous avez employé la ruse et le mensonge pour me tendre un piège, et moi j'emploierai franchement et loyalement tous les moyens pour vous en faire repentir, quand saurai-je m'exposer à la prison pour la première fois de ma vie, voire même en cours d'assises où le jury décidera. J'espère, M. Le Mée, que vous m'éviterez ainsi qu'à vous tous ces désagréments et que vous n'attendrez pas que le scandale donne lieu à une enquête qui n'aurait rien d'agréable pour vous ni pour votre protégé.

J'attends réponse.

FOUQUE

Marseille, 14 décembre 1884.

Monsieur Arthur Le Mée, avocat,

J'attends encore la réponse de la lettre recommandée datée du 27 écoulé, de deux choses l'une : 1° ou j'ai tort de vous calomnier, 2° ou j'ai raison.

Dans le premier cas je suis un misérable calomniateur qui ne mérite aucun ménagement ; je vous méprise, je vous accuse de complicité avec un pick pocket, pour m'avoir fait le vol à l'américaine avec connaissance de cause et préméditation, et que vous êtes la cause du suicide de M. Vincent ; dans ce cas votre indignation doit être à son comble, vous devez vous laver de la souillure faite à votre dignité, votre honneur en dépend, vous devez me poursuivre par tous les moyens en votre pouvoir, si vous ne le faites pas, c'est que vous êtes vaincu et acceptez le mépris.

Dans le second cas, si j'ai raison, vous me devez satisfaction pleine et entière, soit pour mettre en paix votre conscience, soit pour éviter tous les désagréments d'une mauvaise action au premier chef, car je vous jure que je ne cesserai de vous tourmenter à outrance tant que vous ne m'aurez pas débarrassé des dettes que *vous* m'avez endossées ; je dis *vous*, parce que Faravel m'ayant déjà donné une rude leçon, le sachant menteur et dangereux, seul, il était impuissant à me donner encore une leçon, si vous n'aviez pas consenti à lui servir de compère, tout fort que vous êtes vous avez subi l'influence de ce mauvais génie, et il est juste que vous en subissiez les conséquences pour les dupes que vous lui avez aidé à faire.

Monsieur Le Mée, je vous sais trop clairvoyant pour que vous ne preniez pas le meilleur parti de cette mauvaise affaire; mes créanciers de la folle enchère, ne m'étant pas hostiles, se contenteraient de très peu de chose, en leur laissant croire que c'est moi qui paye de mes deniers, en allant au devant de l'affaire, c'est l'étouffer sans bruit, je ne désirerais pas mieux que de ne pas vous faire de la peine, tandis que si vous persistez quand même à me laisser dans l'embarras, voici ce qu'il va arriver.

Si dans trois jours, je n'ai pas une réponse favorable vous me forcerez à de terribles représailles, je vais d'abord adresser à M. le maire les deux lettres restées sans réponse pour lui faire connaître ce que vaut celui qui a la prétention d'être le plus honorable membre du Conseil municipal, et j'en ferai autant à tous vos collègues du Conseil, afin que quand vous prendrez la parole, concernant la religion, l'honneur, l'humanité et la justice on puisse vous dire : taisez-vous, pour parler ainsi il faut avoir patente nette, et je ne m'arrêterai pas là, je ferai publier ces lettres dans tous les journaux de la localité, et si cela ne vous ramène pas à de meilleurs sentiments, vous m'obligerez à des voix de fait en public qui donneront lieu à un grand scandale et à une enquête sur vos agissements avec Faravel ; vous savez que le nom de Faravel à côté du vôtre n'est pas fait pour vous porter bonheur.

Ce que je vous demande à grands cris, c'est de me débarrasser des dettes qui m'étouffent, je crains que vous m'ayez poussé plus loin que ce que vous auriez voulu, vous en vouliez à ma ruine et à m'endosser les dettes de votre protégé et sur cela vous avez parfaitement réussi, mais ce que vous ne pensiez pas, je suppose, de faire de moi un criminel. Réfléchissez.

Avec de pareilles lettres vous en avez assez pour me plonger en prison, mais vous n'osez pas.

Pour l'honneur du corps d'avocat dont vous faites partie, au nom de votre femme et de vos enfants, je vous en supplie, conjurez l'orage.

J'attends réponse, après trois jours de silence j'agirai.

FOUQUE.

J'ai reçu une lettre très expressive qui n'est pas flatteuse pour vous, ni pour votre protégé. Elle me dit ceci :

Les personnes qui ont fait votre malheur ont intérêt à vous faire disparaître, ce qu'ils n'oseraient peut-être pas faire, ils sont capables de payer quelque mauvais sujet, tenez-vous sur vos gardes, et surtout ne sortez pas le soir.

Marseille, le 18 Décembre 1884

Monsieur Arthur Le Mée, avocat.

Lundi matin le hasard ou plutôt la Providence m'a procuré la rencontre du brave M. Niel, juste au moment où j'allai mettre à la poste une lettre vous faisant savoir ma dernière résolution ; lui ayant confié mon projet et mon désespoir, il m'a conseillé de ne rien faire pour le moment, qu'il interviendrait en médiateur impartial et qu'il avait quelque espoir de réussir car il venait trop au devant de mes désirs pour que je ne consente pas à ce qu'il me demandait.

Il a bien voulu se charger de voir mes créanciers de la folle enchère pour connaître leurs prétentions.

M. Le Mée, j'aime à croire que vous ne repousserez pas les propositions de ce digne intermédiaire qui fait tous ses efforts pour nous éviter de très grands désagréments de part et d'autres ; car c'est très vilain de faire parler de soi et d'amuser le public. J'espère que vous aiderez ce brave homme à la réussite de ses démarches désintéressées.

Si Faravel une fois dans sa vie voulait tenir parole il m'a promis tout récemment de désintéresser Mlle Rosine, Mme Estor et Mme Astoul. S'il faisait cela, le restant ne serait presque plus rien ; mais je n'ose fonder quelque espoir sur ce misérable. Cependant il a tout intérêt à ce que cela s'arrange sans bruit, car si au contraire cela s'embrouille encore plus, nul doute qu'une enquête aura lieu et que les agissements de sa vie entière seront mis en cause.

Dans l'espoir d'une solution prochaine, agréez, M. Le Mée, mes sincères salutations.

Fouque.

Marseille, le 23 Septembre 1885.

Monsieur Arthur Le Mée,

Depuis que je vous laisse tranquille vous devez croire m'avoir fait peur par les menaces d'un magistrat et que je me suis résigné à la triste situation que vous et Faravel m'avait faite; mais vous vous abusez étrangement, car malgré le respect que je professe pour la magistrature, je n'ai pas pris au sérieux les menaces de M. le Procureur, car il a dû comprendre que vous, ne relevant pas le contenu de mes lettres, c'était vous avouer coupable; c'est d'autres motifs qui m'ont fait patienter. Ces motifs n'existant plus je reviens à la charge, d'abord je vous demande vainement depuis longtemps de faire taxer votre note de frais, et vous n'en faites pas de cas, parce que vous savez que cette note est fortement erronée à mon préjudice, des personnes compétentes comme vous, ont reconnu que la somme de 972 francs 75 centimes pour droit sur l'adjudication, ne vous était pas due du tout, et qu'il y a majoration de 391 francs 75 centimes sur l'enregistrement, minute de l'adjudication, rien que sur ces deux articles, cela fait 1,364 francs 50 centimes, sans compter quelques petits détails autres, et ce qu'il y a de plus monstrueux vous osez me compter mille francs de conseil, tandis que vous saviez que vos conseils n'étaient qu'un piège pour m'enfoncer. M. François Vincent, votre victime, vous avait bien promis de former une Société pour exploiter la carrière de marbre, mais non de faire racheter la propriété par la Société qu'il devait former, il me l'a fort bien dit l'avant-veille qu'il s'est brûlé la cervelle, que vous aviez combiné le voyage qu'il a fait à Royat pour me tendre un piège avec les lettres de convention, c'est une combinaison que vous avez formée avec votre pickpocket Faravel, j'en ai des preuves de toutes les manières, je me méfiais bien de ce vampire, mais j'aurais crû vous faire injure en me méfiant de vous et vous osez me compter 1000 francs de conseil pour m'avoir joué ce joli tour qui n'est rien autre qu'un vol à l'américaine? Ce qui me suffoque le plus ce sont les 60.000 de dettes de Faravel que vous m'avez mis sur le dos, aussi je ne vous laisserai pas un moment de repos tant que vous ne m'aurez pas réparé le mal que vous m'avez fait, chose qui vous serait bien facile. Différemment, je vais donner cours à mon programme contenu dans mes deux lettres que vous n'avez pas osé relever l'insulte, moins le cas de mort que j'avais mis pour vous forcer à porter plainte dans l'espoir de donner lieu à une enquête. Mais je n'ai réussi qu'à moitié, M. le Procureur n'ayant pas jugé à propos de faire une enquête sur vos agissements avec ce fameux Faravel, M. Le Mée, vous êtes encore attend pour vous éviter bien des ennuis, car avec le rôle que vous jouez au sein du Conseil Municipal; il faut être pur, loin de moi la pensée de faire de notre affaire une question politique, mais qu'il me soit permis de vous dire la vérité, quand tous vos collègues du Conseil auront en main mes lettres que vous n'avez pas osé relever l'insulte et que la presse locale aura publiquement dévoilé la vérité, vos collègues pourront vous imposer silence quand vous prendrez la parole concernant la religion, l'honneur, l'humanité et la justice, car il faut avoir patente nette pour se faire le champion de ces belles formules.

Ainsi, M. Le Mée, avant que le combat s'engage, vous avez encore le temps de revenir sur le passé, il peut arriver à tout homme de s'oublier, mais quand on revient de son erreur et que l'on fait tout son possible pour réparer le mal, à tout pêcheur miséricorde. C'est une belle chose quand on peut marcher tête haute et n'être pas tracassé.

Que diable aviez-vous pour soutenir ce vampire en le connaissant pour tel; c'est la réflexion que font tous vos collègues qui vous connaissent l'un et l'autre, car cette affaire commence à transpirer, mais il y aurait encore moyen de l'étouffer, faute de réponse, demain vous m'obligerai de mettre feu aux poudres, il ne dépend que de vous, M. Le Mée, que de ne pas amuser le public en faisant parler de nous.

Je vous salue.   FOUQUE.

Marseille, le 25 Septembre 1885.

Monsieur Le Mée Père,

Je vous demande pardon de venir troubler un instant votre repos, je crois de mon devoir de vous prévenir d'un incident qui va atteindre un membre de votre respectable famille, un de vos amis ma conseillé de vous donner connaissance de l'affaire que vous pouvez prévenir, en vous en donnant connaissance.

Il s'agit de votre fils, M. Arthur Le Mée, qu'en 1882 étant alors avoué, a manqué à sa probité professionnelle en favorisant à mon détriment un pick-pocket, le connaissant pour tel, c'est le trop fameux Favarel si misérablement connu par ses exploits ; vos deux autres fils le connaissant de réputation peuvent vous dire ce qu'il est.

J'ai écrit pour la dernière fois à M. Arthur par lettre recommandée qui, comme les autres fois, n'en fait pas de cas. Tampis pour lui.

Ci-inclus copie de cette dernière lettre.

Agréez, M. Le Mée Père, mes sentiments de profond respect.

Fouque.

Marseille, le 7 Octobre 1885.

Monsieur Charles Le Mée Père,

Le 25 écoulé, je me suis permis de vous adresser une lettre qui, contre mon attente, est restée sans résultat, il parait que je ne me suis pas assez expliqué pour me faire comprendre ; il ne s'agit pas moins d'une somme de 60,000 fr. de dettes, de folle-enchère, que M. Arthur Le Mée votre fils et ce fameux Faravel m'ont mis sur le dos, en me faisant acheter la propriété Carrière de Marbre de St-Loup (banlieue), en m'assurant qu'elle me serait rachetée à bref délai au prix de 200,000 fr. au moins, par la Société qui devait exploiter la dite carrière de marbre, tandis que ce n'était qu'un piège. A ce sujet ils m'ont fait payer les deux tiers de frais d'adjudication, qu'il a fallu que j'emprunte, l'autre tiers Faravel étant à sa charge, il eut l'adresse de le faire payer par un de ses nombreux créanciers, ces frais, M. Arthur Le Mée les a fait monter à la somme de 10,979 fr. ; sur cette somme il ose me compter 1,000 fr. de conseil, comme si c'était une affaire de bon aloi, et de plus il y a majoration de 1,364 fr. sur la note des frais. Depuis longtemps je demande vainement à votre fils de faire taxer sa note de frais, il n'en tient pas compte, ainsi que de toutes les lettres que je lui adresse, il ne me répond pas. Il me met dans l'obligation de lui faire rompre le silence, mon intention n'est pas du tout de rendre responsable toute votre respectable famille, de la faute d'un seul ; mais le moyen que j'ai en vue d'employer, pouvant à mon grand regret, contrarier toute la famille, et vous Monsieur surtout qui en êtes le chef, un de vos amis m'a conseillé de m'adresser à vous, Monsieur, pour engager M. Arthur Le Mée, votre fils, d'arranger cette mauvaise affaire, car vous devez comprendre le désespoir d'un vieillard qui ayant travaillé et économisé toute sa vie pour se procurer des ressources pour sa vieillesse, il se trouve non-seulement ruiné mais, ce qui est pire, accablé de dettes par le seul fait d'avoir eu le malheur de rencontrer ce pick-pocket Faravel et de Monsieur votre fils Arthur Le Mée ensuite.

Comprenant l'importance de l'affaire, j'ose espérer, M. Le Mée, que vous emploierez toute votre influence paternelle, pour éviter bien des désagréments à M. Arthur, votre fils. Pardon, Monsieur, de tous les ennuis que tout cela peut vous occasionner, mais vous devez comprendre que je ne peux rester dans une pareille situation.

Agréez, M. Le Mée père, mes sentiments de profond respect.

B. FOUQUE.

Rue Paradis, 223.

Quand un porte-drapeau de l'importance de M. Arthur Le Mée, ne répond pas à de pareilles accusations, c'est s'avouer coupable, et réaliser le proverbe, qui ne dit mot : consent ; dans ce cas il ne lui reste qu'une chose à faire : baisser pavillon et capituler, et il n'a plus le droit de dire comme il l'a osé au conseil municipal, que son honneur ne peut-être en meilleures mains que dans les siennes.

Marseille. — Imp. Générale Achard et Cie, rue Chevalier-Roze, 3 et 5.

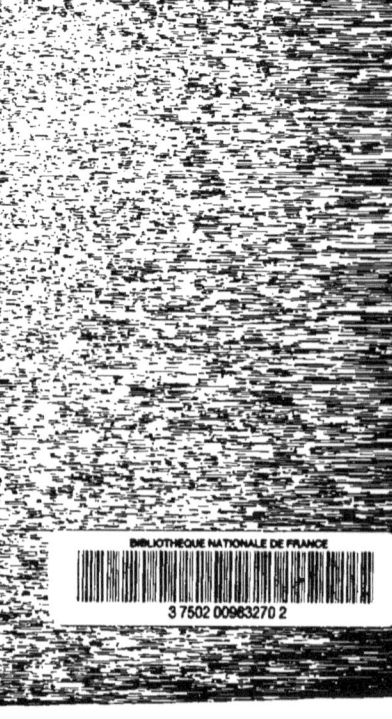

www.ingramcontent.com/pod-product-compliance
Lightning Source LLC
Chambersburg PA
CBHW060621050426
42451CB00012B/2371